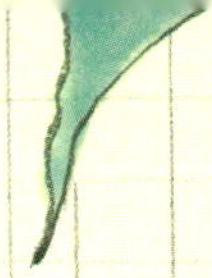

CIP-Kurztitelaufnahme der Deutschen Bibliothek

Sailer, Sibylle:
Wo der Gurkenkönig wächst:
e. Pflanzenjahrbuch zum Anschauen, Lesen, Spielen,
Basteln, Kochen u. Backen /
erzählt von Sibylle Sailer.
Gemalt von Sabine Lohf. –
Ravensburg: Maier, 1985.
ISBN 3-473-37468-7
NE: Lohf, Sabine:

Wir danken dem Hennsel Verlag, Berlin,
für die Abdruckgenehmigung des Gedichts
„Arm Kräutchen" von Joachim Ringelnatz
auf Seite 14.

5 4 3 2 1 89 88 87 86 85

Gesamtgestaltung: Sabine Lohf
Redaktion: Gisela Walter
Printed in Germany

Dieses Buch ist aus einer Serie der Zeitschrift
„spielen und lernen" entstanden.

ISBN 3-473-37468-7

Elisa von Bossis
Weihnachten 88

Wo der Gurkenkönig wächst

Ein Pflanzenjahrbuch zum
Anschauen, Lesen, Spielen, Basteln,
Kochen und Backen

erzählt von Sibylle Sailer
gemalt von Sabine Lohf

Otto Maier Verlag Ravensburg

Inhalts-verzeichnis
Den Gurkenkönig findest du im Juli! Und was du im Januar und allen anderen Monaten findest, das steht da drüben.

Januar
Brunnenkresse Seite 6

Februar
Gänseblümchen Seite 8

März
Brennnessel Seite 10

April
Veilchen Seite 12
Sauerampfer Seite 14

Mai
Kamille Seite 16
Löwenzahn Seite 18

Juni
Walderdbeere Seite 20
Linde Seite 22

Juli
Holunder Seite 24
Borretsch Seite 26

August
Malve Seite 28

September
Bucheckern Seite 30
Brombeeren Seite 32

Oktober
Nelkenwurz Seite 34
Hagebutten Seite 36

November
Gänsefuß Seite 38

Dezember
Fichte Seite 40

Wie du die wilden Pflanzen kennenlernst...

Sie verstecken sich hinter Dornen, sie lugen aus Bächen und Schneedecken, sie fallen leise von den Bäumen oder ducken sich zwischen Gräsern und Hecken – all die Beeren und Früchte, die Blumen und Kräuter, von denen dir dieses Buch erzählt.

Du bist eingeladen zu einer Wanderung durch das Jahr: Von Januar bis Dezember kannst du riechen und schmecken, schauen und fühlen, was die Erde rund um dich an wilden Pflanzen bereithält. Am besten ziehst du gleich los! Zieh feste Schuhe an, nimm einen Korb mit und dieses Buch. Es hilft dir, wenn du genau hinschaust, die richtigen Früchte oder Pflanzen zu finden. Das Buch sagt dir auch, was du kochen und aufessen, trocknen oder pressen, sammeln und verwahren kannst.

Wilde Pflanzen und Früchte zu sammeln, ist eine Kunst, die du rasch erlernst, wenn du dir vier Regeln merkst:

1. Viele Augen sehen mehr als zwei. Zeig deiner Familie, was du geerntet hast, dann könnt ihr alle noch einmal vergleichen, ob es auch wirklich die Früchte und Pflanzen sind, die in diesem Buch beschrieben sind.
2. Naturschutzgebiete sind Gebiete, in denen du niemals etwas ausreißen oder pflücken

darfst. Hier findest du besondere Schilder, die dich darauf hinweisen und warnen. Kein Schild warnt dich jedoch am Rande von Straßen, über die viele Autos fahren. Trotzdem solltest du hier nichts pflücken, denn die Autoabgase verderben die Pflanzen und Früchte und machen sie ungenießbar. Wo gerade frisch gedüngt oder Pflanzenschutzmittel versprüht wurden, ist auch nicht dein Erntegebiet. Geh ein paar Schritte weiter in die Natur, wo die Pflanzen nicht mit chemischen Mitteln in Berührung kommen.

3. Zupf von einer Pflanze nicht alle Blätter und Blüten ab, denn sie soll ja noch weiterwachsen. Und am besten nimmst du nur so viel mit, wie du wirklich auf einmal verwenden kannst. Die Blätter und Früchte, die du erntest, sollten gesund aussehen und frei von Würmern sein.

4. Einiges ist rasch verderblich, darum leere den Korb zu Hause gleich aus und verwende deine gesammelten Schätze bald. Was zum Aufessen bestimmt ist, solltest du unter fließendem Wasser sorgfältig waschen.

Ein Jahr ist eine lange Zeit… Manches von dem, was du gefunden und geerntet hast, wird dich später an die Jahreszeit erinnern, die schon vorüber ist. So gehört das Jahr dir – mit diesem Jahrbuch voller wilder Pflanzen.

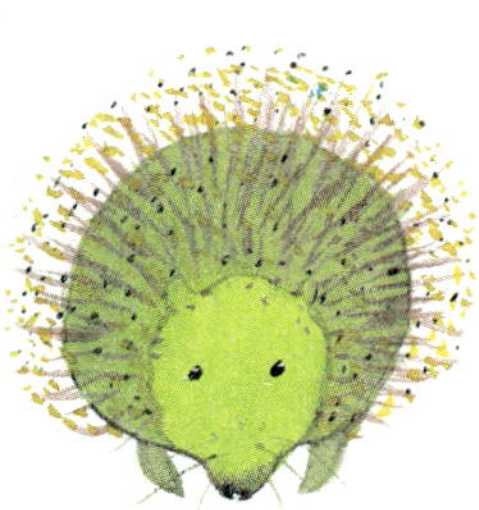

Ein Dschungel unter dem Eis

Wenn es draußen kalt und eisig ist, mußt du schon ganz genau schauen, wenn du noch Wachstum und Leben in der Natur entdecken willst. Aber das gibt es! Wer sich einmal einen fast zugefrorenen Bach oder ein Flüßchen näher anguckt, entdeckt vielleicht dicht unter der Wasseroberfläche einen dunkelgrünen Blätterdschungel. Das ist die Brunnenkresse. Überall dort, wo das Wasser noch rein ist, wächst sie. Du kannst sie am Ufersaum ernten, wenn du mitten im Winter Appetit auf ganz frisches Gemüse hast. Mit einigen kleinen Ablegern der Pflanzen kannst du zu Hause einen eigenen Kressegarten anlegen. Du füllst eine wasserdichte Schale zur Hälfte mit Erde und steckst die Ableger hinein. Sie wachsen rasch an, wenn du sie fleißig begießt, so daß das Wasser immer ungefähr einen Zentimeter über der Erde steht. Sobald die Pflänzchen fingerhoch gewachsen sind, kannst du sie ernten. Und wenn du in der Stadt wohnst und keine Brunnenkresse findest, dann kaufst du dir in der Samenhandlung ein Tütchen Brunnenkressesamen und säst ihn in einer Schale aus. Nach zwei Wochen werden sich daraus kleine Pflanzen entwickelt haben. Dann mußt du dich nur noch etwa vier Wochen gedulden, bis du ernten kannst.

Brunnenkresse-Salat

1 Suppenteller Brunnenkresse, 100 g Sahnequark, 2 Eßlöffel Milch, 1 Teelöffel milden Senf, 1 Prise Pfeffer und Salz, 2 Eier

Die Brunnenkresse sorgfältig waschen, die Blättchen abzupfen, abtropfen und in eine Salatschüssel legen. Aus dem Quark, der Milch, dem Senf, Salz und Pfeffer mit dem Schneebesen eine Soße rühren und über den Salat gießen. Dann die Eier etwa 8 Minuten hart kochen, mit kaltem Wasser abschrecken, auskühlen lassen, schälen, kleinhacken und über den Salat gießen.

Brunnenkresse hat auch noch einen lateinischen Namen: „Nasi tortium." So nannten die alten Römer die Brunnenkresse. Wörtlich übersetzt heißt das Nasenschinder. Wenn man die Blätter der Brunnenkresse trocknet und zerreibt, kann man daraus Niespulver machen. Willst du das zum Spaß einmal ausprobieren?

- Brunnenkresse -

Wie das Gänseblümchen zu seinem Namen kam

Langsam, ganz langsam zieht sich der Winter in die Berge zurück und nimmt Schnee und Frost mit. Die grauen Schneeflecken auf Wiesen und Äckern, an Straßenrändern und Plätzen schmelzen zu nassen Pfützen zusammen. Allmählich taut der Erdboden auf, und bald gucken die ersten grünen Spitzen hervor. Wenig später entdeckst du dazwischen auch einige Blattrosetten mit kugelig weißen Blütenknospen. Wenn sie sich im Sonnenlicht öffnen, zeigen sie schmale, weiße Blütenblätter mit rosaroten Spitzen. Weiß wie das Federkleid der Gänse und rosarot wie deren Schnäbel, so schauen sie aus, dachten die Leute vor langer Zeit und gaben der Blume den Namen „Gänseblümchen".
Auf den Wiesen der Bauernhöfe, dort wo die Gänse früher weideten, wuchsen die Gänseblümchen fast das ganze Jahr über in großer Zahl. Die Gänse allerdings verschmähten sie als Futter. Nur die Bauern sammelten Blätter und Knospen für den Kochtopf. Die Kinder mochten die fein gehackten Knospen am liebsten aufs Butterbrot. Sie schmecken ein wenig nach frischen Nüssen. Wenn die Gänseblümchen voll aufgeblüht waren, dann pflückten die Kinder sie mitsamt den Stengeln und flochten Kränze daraus. Und das machen sie heute noch.

Gänseblümchen-Kette

Gänseblümchen werden einfach durch Löwenzahnstengel gesteckt, um die nächste Blüte geschlungen und wieder in den Stengel gesteckt.

Wenn du ein Gänseblümchen durch ein großes grünes Blatt steckst und auf dem Wasser schwimmen läßt, sieht es aus wie eine Seerose.

Gänseblümchensuppe

2 Handvoll Gänseblümchen, 1 l Hühnerbrühe, 1 Scheibe Roggenbrot, 2 Eßlöffel Sonnenblumenöl

Die Gänseblümchen gut waschen, grob hacken (einige Knospen aufheben), in 1 Eßlöffel Öl kurz andünsten, mit der Hühnerbrühe auffüllen, Roggenbrot in Würfel schneiden, im restlichen Öl bräunen und zusammen mit den übrigen gehackten Knospen über die Suppe streuen.

Gleich servieren und essen.

Sie brennt Tag und Nacht

„Alle Wiesen und Matten, alle Berge und Hügel sind Apotheken", sagte der berühmte Arzt Paracelsus. Er lebte vor vielen hundert Jahren. In seiner Natur-Apotheke spielte eine Pflanze eine besonders wichtige Rolle. Ihr wurden viele Heilkräfte nachgesagt: Sie tut dem Magen gut und reinigt das Blut, und sie dient sogar der Schönheit von Haut und Haaren.

Obendrein ist diese Pflanze sehr genügsam. Meist lebt sie auf sandigem Boden, an Wegrändern, auf Brachland und in der Nähe von Häusern. Wenn sie genügend Platz hat, wird sie einen Meter hoch. Du erkennst sie sogar im Dunkeln, denn ihre kräftigen Stengel und Blätter sind dicht mit spitzen Haaren bedeckt. Wenn man sie berührt, dann brennen sie heftig auf der Haut. Sie hat ihren Namen zu Recht, die Brennessel, und weil viele sie fürchten, wird sie oft wütend ausgerissen, wenn man sie im Garten ertappt. Dabei ist diese wilde Pflanze noch ganz zahm, solange sie klein ist. Dann sind ihre Brennhaare noch nicht entwickelt, aber sie hat schon alle guten Eigenschaften der ausgewachsenen Pflanze.

Die Brennessel hat sich deswegen auch einen Platz in der Küche erobert. Sie ist sogar gesünder als Spinat, den du vielleicht nicht magst, und sie schmeckt würzig und gut.

Brennessel-Pfannkuchen

2–3 Handvoll ganz junge Brennesselblättchen, 125 g Mehl, 2 Eier, ¼ l Milch, 1 Prise Salz, Sonnenblumenöl zum Backen, 1 Eßlöffel Butter

Mehl in die Rührschüssel schütten. Nach und nach die Eier, dann die Milch darunterrühren. Salz dazugeben und weiterrühren bis der Teig ganz glatt ist. Eine halbe Stunde ruhen lassen.

Die Brennesselblätter grob hacken und in den Teig mischen. Aus dem Teig etwa 6 kleine Pfannkuchen backen. In einer kleinen Pfanne das Öl erhitzen, jeweils eine Kelle Teig einfüllen und beide Seiten goldgelb backen. Pfannkuchen aufeinanderschichten und in Tortenform aufschneiden.

Brennesselpflanzen kannst du im Schatten an der Luft trocknen.
Aus den getrockneten Blättern kochst du dir dann einen Tee: 5 Gramm Blätter mit 1 Tasse kochendem Wasser überbrühen, 5 Minuten ziehen lassen, abgießen und mit Honig süßen.

Die kleine blaue Frühlingsblume

Vom Veilchen meinten die Großeltern, daß es ein bescheidenes Blümchen sei, weil es zu einer Zeit blüht, in der noch kaum andere Blumen wachsen. Die ersten warmen Strahlen der Märzsonne genügen ihm zum Knospen, und bald entfaltet es seine zarten Blütenblätter. Es gibt viele Veilchenarten bei uns, aber nur eines ist darunter, das wunderschön duftet. „Viola odorata", die Duftende, heißt es mit seinem lateinischen Namen. Du kannst es unter seinen anderen wildwachsenden Schwestern ganz einfach herausfinden, wenn du deine Nase in die Blüten steckst.

Das wohlduftende Veilchen haben die Menschen früher gerne zum Bonbonkochen und zur Dekoration für Salate und Pudding verwendet. Von den Blütenblättern kann man sogar einen guten Hustensirup kochen. Gut schmekken kandierte Veilchen. Ihr könnt sie auf einer Limonade schwimmen lassen oder auf eine Torte legen. Und wenn du es schade findest, aus den Veilchenblüten etwas zu kochen, dann preß dir doch die schönsten.

Blumenpresse

Du brauchst zwei gleichgroße Holzbrettchen mit je vier Löchern im gleichen Abstand, vier Schloßschrauben mit Flügelmuttern und Löschpapier.

Die Blumen werden zwischen das Löschpapier gelegt und dann zwischen den Brettchen festgeschraubt.

Nach einigen Tagen sind die Blumen trocken, und du kannst sie aus der Presse herausnehmen.

Weißt du, was ein Poesie-Album ist? Das ist ein Buch, in das man seinen Freunden zur Erinnerung einen Vers hineinschreibt.

Früher schrieb man solche Verse in die Poesie-Alben.

Kandierte Veilchen

2 Eiweiß, 250 g feinster Zucker, etwa 20 Veilchenblüten mit Stengel, 3 Teelöffel Wasser

Die Veilchen abspülen und zum Abtrocknen in ein mit Wasser gefülltes Glas stellen. In ein anderes Glas Wasser und das Eiweiß schütten und mit einer Gabel verrühren. Wenn dabei Schaum entsteht, vorsichtig wegtupfen.

Den Zucker in eine flache Schüssel schütten. Veilchenblüten mit dem Gesicht nach unten in die Eiweißmasse tauchen, sachte hin- und herschwenken. Herausheben, vorsichtig abschütteln und dünn mit dem Zucker bestreuen. Dann das Veilchen am Stiel mit einer Büroklammer am gespannten Faden aufhängen.

Dieses Gedicht schrieb der Dichter Joachim Ringelnatz

Arm Kräutchen

Ein Sauerampfer auf dem Damm
Stand zwischen Bahngeleisen,
Machte vor jedem D-Zug stramm,
Sah viele Menschen reisen.

Und stand verstaubt und schluckte Qualm
Schwindsüchtig und verloren,
Ein armes Kraut, ein schwacher Halm,
Mit Augen, Herz und Ohren.

Sah Züge schwinden, Züge nahn,
Der arme Sauerampfer.
Sah Eisenbahn um Eisenbahn,
Sah niemals einen Dampfer.

100

Wenn der Sauerampfer blüht, sehen die Wiesen schon von weitem ganz rot aus.

Vielleicht findest du unterwegs auch eine Feder oder ein besonders schönes Blatt. Daraus kannst du ein Lesezeichen machen. Du legst dein Fundstück einfach zwischen durchsichtige Klebefolie.

Wie gut, daß es solch arme Kräutchen nur selten gibt! Die meisten Sauerampfer stehen auf grünen Weiden, an Wegrändern und auf feuchten Wiesen. Dort sehen sie gelegentlich ein Schaf, eine Kuh oder einen Menschen, der sich eines seiner Blättchen abzupft. Es hat sich nämlich längst herumgesprochen, daß die schönen, dunkelgrünen Sauerampferblätter wirklich angenehm sauer schmekken. Aus den kleinen Pflanzen, die schon früh im Jahr grünen, wachsen im Sommer rostrote Blütenrispen. Wenn du über Wiesen einen rötlichen Schimmer liegen siehst, dann findest du dort sicher viele Sauerampferpflanzen dichtgedrängt beieinanderstehen. Möchtest du mit Sauerampfer kochen oder Salate zubereiten, dann solltest du allerdings nicht bis zur Blüte warten. Die ersten zarten Blätter schmecken am besten.

Wenn du öfter Sauerampfer essen möchtest, kannst du dir in der Gärtnerei Gartenampfer besorgen.

Er wächst auch im Blumenkasten gut.

Du kannst die Blätter immer wieder abpflücken.

Sauerampfergemüse

1 Suppenteller Sauerampferblätter (ca. 500g), 50 g Butter, 2 Eßlöffel Paniermehl, 1 Tasse süße Sahne, 1 Eigelb, Salz

Sauerampferblätter gründlich waschen, abtropfen lassen und grob hacken. Die Butter mit dem Paniermehl im Topf bei geringer Hitze hellgelb werden lassen, dann den Sauerampfer dazugeben und im eigenen Saft kurze Zeit dünsten. Die Hälfte der Sahne dazugeben, wenig salzen und das Gemüse gar dünsten.

Zuletzt das Eigelb mit dem Rest der Sahne verquirlen und unter das Gemüse mischen. Kurz ziehen lassen – nicht kochen – und sofort servieren.

„Ein guter Koch, ein guter Arzt"

Manchmal findest du auf dem Flohmarkt mit Sprüchen bestickte Küchentücher aus Urgroßmutters Zeiten. Sie erzählen dir alte Volksweisheiten vom Kochen und Haushalten. Solch eine Volksweisheit ist auch der Spruch „Ein guter Koch, ein guter Arzt".
Wer ein wirklich guter Koch ist, der trägt nicht nur eine gute Mahlzeit auf den Tisch, sondern sorgt auch dafür, daß sie nicht krank macht. Und er kennt auch das Kraut, das gegen Bauchweh gewachsen ist. Möchtest du es kennenlernen? Es ist eine zierliche Pflanze, die sich gerne einen sonnigen Platz auf Wiesen und Äckern zum Wachsen sucht. Ihre Blütenköpfe haben feine, leicht nach unten gebogene Blütenblätter und eine gelbe Mitte, die wie ein kleiner Kegel aussieht. Das ist sehr hübsch, und hübsch klingt auch ihr Name „Kamille".
Wie schade, daß die Kamille so wenig beachtet und in den Gärten sogar als Unkraut herausgezupft wird. Bevor du zum Sammeln gehst, solltest du noch etwas wissen: Unsere Kamille hat noch eine Schwester, die ebenso hübsch aussieht, aber keine heilsame Wirkung hat. Sie ist größer und kräftiger, dafür fehlt ihr der süße, aromatische Duft, an dem du ihre kleine Schwester sofort erkennst.

Kamillentee:

Du nimmst etwa 10 getrocknete Blüten und übergießt sie mit kochendem Wasser, läßt sie kurz durchziehen und trinkst den Tee in kleinen Schlucken.

Kamillenbad:

Du brauchst ungefähr 150 g getrocknete Blüten für ein Bad. Hast du soviele Blüten? Wenn ja, dann probier das ruhig einmal aus.

Dort, wo genügend Kamille wächst, kannst du dir ein paar Pflanzen mit Wurzeln ausgraben und zu Hause in einen Blumenkasten pflanzen.

Oder gefällt dir ein Blütenlichtermeer in einem Einmachglas? Die Blüten schwimmen zwischen Teelichtern herum. Wenn es draußen dunkel wird, zündest du die Lichter an.

Wie Fallschirme fliegen die Samenkörner durch die Luft.

Löwenzahn, Löwenzahn, zünde deine Lichtlein an …

und wenn sie alle angezündet sind, dann leuchten die Wiesen. Wieviel farbloser wären Straßenränder und Gärten, Felder und Weiden ohne seine gelben Blüten! Laternenblume, Kuhblume, Butterblume, Kettenblume und Pusteblume, das sind die schönen Namen, die man sich für ihn ausgedacht hat.

Wenn der Löwenzahn verblüht ist, verwandelt sich sein Blütenkopf in eine wollig-weiße Federkrone. Wie winzige Fallschirme fliegen die Samenkörner empor und gleiten sacht wieder zur Erde, wenn ein Windhauch sie erfaßt oder du sie leise anpustest.

Der Name „Löwenzahn" klingt ein wenig gefährlich, aber sogar die Kühe wissen sehr gut, daß man ihn verspeisen kann, und die Bauern freuen sich darüber. Sie glauben, daß eine ordentliche Portion Löwenzahnfutter die Milch der Kühe fetter und die Butter, die sie daraus herstellen, schön gelb macht.

Schon längst haben auch die Menschen den Löwenzahn als Salat entdeckt. Sie sammeln seine Blätter, solange sie noch jung und zart sind, denn später im Jahr schmecken sie recht bitter. Im Süden wird der Löwenzahnsalat sogar auf den Märkten verkauft.

Wenn der Löwenzahn ausgewachsen ist, dann kannst du mit seinen Stengeln und Blüten basteln.

Löwenzahnsalat

1 Handvoll ganz junge Löwenzahnblätter, 2 große Pellkartoffeln, 1 kleine Knoblauchzehe, 50 g magere Speckwürfel, 2 Eßlöffel Sesamöl, 1 Eßlöffel Kräuteressig, 1 Teelöffel Butter, 1 Messerspitze Pfeffer

Eine Salatschüssel mit der Knoblauchzehe ausreiben. Die Pellkartoffeln schälen, in Würfel schneiden und in die Schüssel geben. Löwenzahnblättchen sorgfältig waschen, abtropfen, hacken und dazugeben. Öl, Pfeffer und Essig in einer kleinen Schüssel verrühren, über die Kartoffeln gießen.

Zuletzt die Butter in einer Pfanne erhitzen, die Speckwürfel rasch darin knusprig braten und unter den Salat mischen.

Aus den Löwenzahnblüten kannst du „echte" Löwen machen. Du preßt die Blüte, klebst sie auf und malst einen Löwen um die gelbe Löwenmähne!

<u>Wasserleitung:</u> In eine Pampelmusenhälfte bohrst du ein Loch, so groß, daß ein Löwenzahnstengel hineinpaßt. Steck soviele Stengel ineinander wie du magst und füll dann Wasser in die Pampelmuse. Was passiert?

Die Beere mit der Zauberkraft

Es war einmal eine kranke Mutter, die hatte Herzweh nach Erdbeeren und schickte deshalb ihre beiden Kinder ins Holz, daß sie ihr welche suchten. Als das Körbchen voll war, kam ein altes Mütterchen daher, das war grün angezogen und sprach: „Ich bin hungrig und kann mich nicht mehr bücken, so alt bin ich, schenkt mir ein paar Erdbeeren." Weil die Kinder Mitleid mit ihm hatten und ihm einige Beeren abgaben, wurde ihre Mutter wieder gesund, sobald sie die restlichen Beeren aß. Das bewirkten die zauberischen Kräfte des Mütterchens Immergrün, von dem dieses Märchen der Brüder Grimm erzählt. Als sie es vor langer Zeit aufschrieben, wuchsen die Walderdbeeren in großen Mengen auf Wiesen, Lichtungen und an Wegrändern.

Es ist gar nicht so schwer zu verstehen, warum der Walderdbeere wundersame Wirkungen nachgesagt wurden. Ihre duftenden Beeren waren die ersten, vitaminreichen Früchte des Jahres. Und wenn jemand krank war und den langen Winter über auf frisches Obst verzichten mußte, dann mögen ihm die kleinen Walderdbeeren sicherlich wunderbar geholfen haben. Auch gesunde Menschen freuen sich am Duft und Geschmack der Walderdbeere, den sogar unsere Gartenerdbeeren nicht übertreffen. Deshalb lohnt es sich für dich bestimmt, nach den wilden Walderdbeeren zu suchen.

Erdbeereis

250 g Walderdbeeren, 75 g hellen Honig, 1 Becher Sahne (200 g), 1 Ei

Die Erdbeeren waschen, in eine Schüssel füllen und mit einer Gabel zerdrücken.

Den Honig unter das Erdbeermus mischen.

Die Sahne steif schlagen, die Eier schaumig schlagen und mit dem Beerenmus vermischen.

Alles in eine Gefrierdose füllen, verschließen und mehrere Stunden in einem 3-Sterne-Gefrierfach kalt werden lassen.

Dann das Eis herausholen, in Portionsgläser füllen und essen.

Die Walderdbeere wächst an sonnigen Plätzen im Wald, an Wiesengräben und sogar auf Schutthalden.

Hast du nur wenige Walderdbeeren, dann zieh sie auf einen Grashalm auf. Wenn du sie von dem Halm abknabberst, schmecken sie besonders gut.

- Walderdbeere -

Der alte Märchenbaum

„...nahe bei dem Schlosse des Königs lag ein großer, dunkler Wald, und in dem Wald unter einer alten Linde war ein Brunnen. Wenn der Tag sehr heiß war, so ging das Königskind hinaus in den Wald und setzte sich an den Rand des kühlen Brunnens. Und wenn sie Langeweile hatte, so nahm sie eine goldene Kugel und warf sie in die Höhe und fing sie wieder. Das war ihr liebstes Spielzeug."
...so wird es im Märchen vom „Froschkönig" erzählt.
Uralte Linden standen häufig auf dem Dorfplatz neben dem Dorfbrunnen. Dort trafen sich die Leute zum Wasserschöpfen. Unter dem schützenden, mit Tausenden von Blätterherzen behangenen Dach der Linde wurde getanzt, gesungen und gefeiert.
Im Sommer, wenn die zartgelben Lindenblüten süß duften, summen Tausende honigsammelnder Bienen in den Zweigen. Auch die Menschen mögen die Blüten und sammeln sie seit Jahrhunderten für Tee. Lindenblütentee hilft bei Husten und Schnupfen, Erkältung und Fieber. Und wenn du krank in deinem Bett sitzt und den duftenden Lindenblütentee trinkst, dann meinst du vielleicht, du sitzt unter einer blühenden Linde.

Aus den schönen herzförmigen Lindenblättern kannst du Blättertiere machen. Du preßt die Blätter in einem dicken Buch, klebst sie auf Zeichenpapier auf und malst noch etwas dazu.

Lindenblütentee

2 Teelöffel getrocknete Lindenblüten mit einer Tasse kochendem Wasser überbrühen und 10 Minuten ziehen lassen.

Die Lindenblüten sehen aus wie Libellen. Außerdem haben die Blüten einen süßen Duft, der Honigbienen anlockt.

Früher gab es fast in jedem Dorf eine Linde. Da wurde getanzt und gefeiert!

Eine Wohnung für Frau Holle

Kennst du das Märchen von Frau Holle? Wenn sie ihre Betten ausschüttelt, dann schneit es auf der Erde. Die fleißige Goldmarie belohnte sie für ihre Dienste mit einem gewaltigen Goldregen, aber ihre faule Schwester bestrafte sie mit einem Pechguß. So wird es erzählt.

Frau Holle, glaubte man früher, sei eine Göttin, die Menschen und Tiere vor Krankheit, Hexenzauber und anderem Übel beschützt. Wer sich von ihr beschützen lassen wollte, der pflanzte ihr einen Holunderstrauch in seinen Garten. Denn wenn Frau Holle auf der Erde weilte, dann wohnte sie in diesem Strauch.

An eine solche mildtätige Göttin mag heute niemand mehr recht glauben. Aber ihr blühendes Strauchhaus gibt es immer noch. Schau es dir doch mal genau an: Ob Frau Holle doch noch zuweilen in ihrer Wohnung sitzt, versteckt hinter den Holunderzweigen? Und sehen die feinen, weißen Holunderblüten nicht wie Federn aus?

Frau Holle will dir auch heute noch Gutes tun und hält in den Blüten Heilkräfte bereit, die das Fieber vertreiben, wenn du erkältet bist. Aus einem Eßlöffel Holunderblüten und zwei Tassen kochendem Wasser kannst du dir einen duftenden Tee aufbrühen. Steht dir aber jetzt im Sommer der Sinn eher nach einem kühlen Saft, so findest du auch dafür ein Rezept bei Frau Holle.

Holunderblütensirup

4 Dolden Holunderblüten, 1 kg Zucker, 1 l Wasser, Saft von einer Zitrone

Holunderblüten gut waschen, mit ½ l Wasser bedecken und 2 Tage an der Sonne stehen lassen.
Danach die Dolden entfernen, die Flüssigkeit mit dem restlichen Wasser, dem Zucker und dem Zitronensaft aufkochen. Abkühlen, in eine Flasche füllen, verkorken und im Kühlschrank aufbewahren.

Damit jeder das Glas, aus dem er getrunken hat wiedererkennt, schneidest du lustige Figuren aus Papier aus, klebst sie an einem Holzstäbchen fest und stellst in jedes Glas eine andere Figur.

Die Zweige des Holunderstrauches sind hohl. Du kannst sie als Blasrohr nehmen.

Das ist der Gurkenkönig

Vor langer Zeit regierte einmal ein König, den nannte man den Gurkenkönig. Die Menschen in seinem Lande waren meistens fröhlich, denn er hatte eine besondere Gabe: Er konnte traurige Menschen wieder froh machen. Zwar lebt dieser König immer noch, doch kaum einer redet noch von ihm.

Möchtest du seine Bekanntschaft machen? Du findest den Gurkenkönig auch unter dem Namen Borretsch. Du erkennst ihn an seinem dunkelgrünen Samtmantel, an seiner himmelblauen Sternenkrone und an den schwarzen Perlen, die darin schimmern. Es ist ein prächtiger König, der dir oft bis an die Knie reicht. Viele Leute haben ihn in ihre Gärten eingeladen, aber häufig nimmt er Reißaus und lebt an Wegrändern und auf Wiesen.

Seine dunkelgrünen Samtblätter schmecken kräftig nach Gurken, deshalb hat er auch den Namen „Gurkenkönig" erhalten.

Die alten Römer nannten ihn „Wohlgemut". Denn wohlgemut fühlen sich Fieberkranke, die den Saft aus den kräftigen Blättern und Stielen pressen und trinken. Gegen Traurigkeit und schlechte Stimmung hilft aber ganz besonders der Tee aus den getrockneten Blättern und Blüten des Gurkenkönigs. Jedenfalls behaupteten das die alten Römer. Ob du es einmal ausprobierst?

Borretsch Tee

Willst du einmal den Borretsch als Tee probieren? Für eine Tasse Tee mußt du 2 Teelöffel getrocknete Blüten mit heißem Wasser überbrühen und 10 Minuten lang ziehen lassen.

Die dicken schwarzen Samenkörner vom Borretsch kannst du einsammeln und in einem selbstgenähten Stoffbeutelchen verschenken.

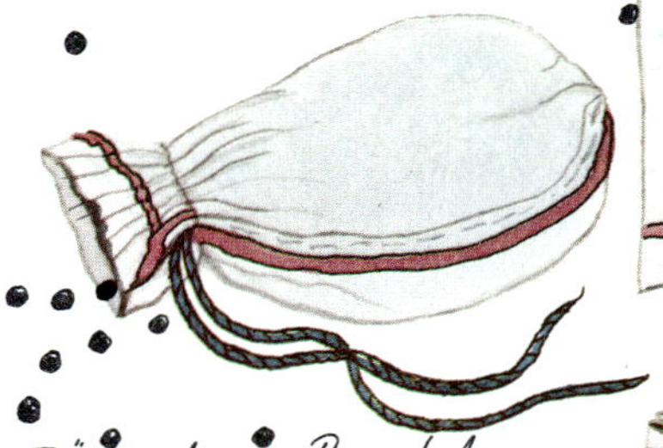

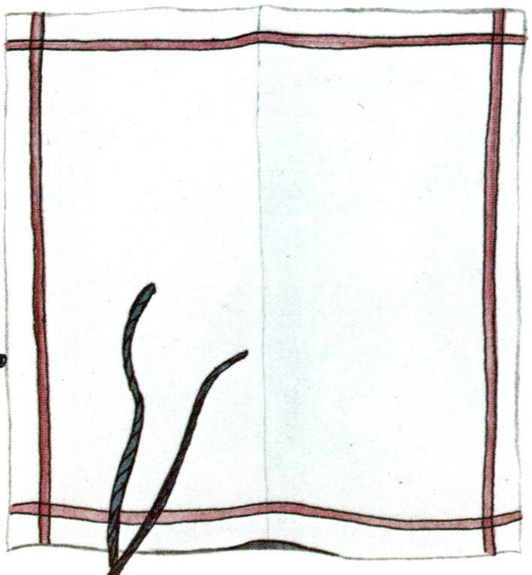

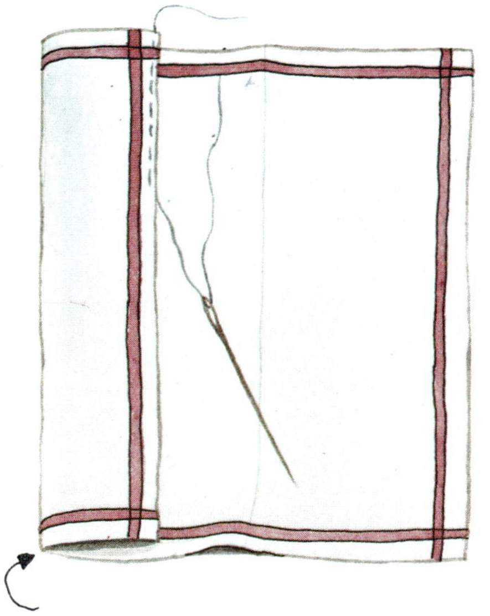

Für den Beutel brauchst du: ein viereckiges Stück Stoff oder ein altes Taschentuch, Nadel, Faden und eine Kordel.

Du faltest ein Stück von dem Stoff um und nähst es so fest, daß ein Tunnel entsteht. Durch den Tunnel ziehst du die Kordel. Du faltest den Stoff noch einmal und nähst ihn zu einem Beutel zusammen.

Gurkensalat mit Borretsch

1 mittelgroße Salatgurke, 1 Handvoll Borretschblätter, 1 Bund Dill, 1 Becher Sauerrahm, Saft von 1 Zitrone, 1 Prise Salz und Pfeffer

Gurke waschen, schälen, in Würfel schneiden. In eine Schüssel geben und mit Salz und Pfeffer bestreuen. Die Borretschblätter gründlich waschen und ebenfalls hacken. Aus dem Sauerrahm und dem Zitronensaft eine Soße rühren, über die Gurkenwürfel gießen und mit den gehackten Kräutern bestreuen. Vorsichtig mischen.

Bienen mögen Borretsch gern!

Für den Winter kannst du blühenden Borretsch trocknen.

Aus dem Farbtopf des Sommers

Im Hochsommer leuchten sie dir von Wiesen und Feldern entgegen: rote Mohnblumen, lila Distelblüten, blaue Glockenblumen, weiße Margeriten und gelbe Sonnenröschen. Nur ab und an findest du dazwischen eine zierliche Pflanze mit rosa Blüten. Sie wagt sich nicht gern weit hinaus ins Land. Lieber wächst sie an Ackerrändern und Dämmen, Wegen und Zäunen in der Nähe der Menschen.

Sie sieht so zart aus, die kleine Malve, daß du dir vielleicht kaum vorstellen kannst, welche Farbkraft ihre Blütenblätter haben. Oder hast du schon einmal eine Tasse Malventee probiert? Er ist so dunkelrot, daß du meinen könntest, die getrockneten rosa Blüten seien beim Aufbrühen verzaubert worden. Nach Zauberei klingt auch der zweite Name der Malve, „Katzenkäse". Die kleinen braunen Samenkörner sehen wie winzige Käselaibe aus. Das meinten die Leute vor langer Zeit, und weil sie alle Katzen für „falsch" hielten, nannten sie den „falschen" Käse eben „Katzenkäse".

Daraus machten sich die Kinder damals gar nichts. Sie sammelten den Katzenkäse und aßen ihn gleich auf.

Zu Mittag gab es hin und wieder eine Malvenmahlzeit, denn die weichen Blätter schmecken, als Gemüse gekocht, besonders gut.

Malvensuppe

1 kleine Suppenschüssel Malvenblätter, 1 l Hühnerbrühe aus 1 Würfel, 1 Tasse gekochter Reis, Pfeffer, Zwiebelsalz

Malvenblätter gründlich abspülen, abtropfen lassen und fein hacken. Die Hühnerbrühe zum Kochen bringen, die Malvenblätter dazugeben und bei kleiner Flamme im zugedeckten Topf etwa 5 Minuten ziehen lassen. Dann den Reis dazugeben. Nochmal 5 Minuten ziehen lassen und öfter umrühren. Zuletzt mit Pfeffer und Zwiebelsalz abschmecken.

Malventee wird aus getrockneten Blüten gekocht. Er ist so dunkelrot, daß man denken könnte, er sei verzaubert.

Mit dem Teesatz kannst du rote Bilder malen.

Von Eichhörnchens Speisezettel

Im Herbst steckt der Wald voller Überraschungen. Jetzt ist die Zeit der Pilze und Beeren, der Kastanien und Nüsse.
Geheimnisvoll raschelt das Laub unter deinen Füßen, und manchmal knackt es leise... Dann bist du vielleicht auf Bucheckern getreten. Sie reifen in dieser Jahreszeit und fallen zu Hunderten von den Bäumen herab.
Wenn du Glück hast und ein wenig leise bist, kannst du vielleicht einem Eichhörnchen zuschauen, das gerade Bucheckern sammelt. Es knackt die winzigen Kerne aus den stacheligen Hüllen gleich unter der Buche und füllt damit seine heimlichen Vorratskammern für den Winter.
Früher sagten die Leute: „Wenn es reichlich Bucheckern gibt, folgt ein strenger Winter." Du kannst ja einmal nachprüfen, ob diese alte Bauernweisheit in diesem Jahr wirklich stimmt...
Mach doch mal ein Bucheckern-Wettschälen mit deinen Freunden, aber lade kein Eichhörnchen dazu ein, denn mit dessen Geschwindigkeit kann kein Mensch mithalten.
Du kannst die Kerne roh essen oder rösten und ein wenig salzen. Du kannst sogar Plätzchen daraus backen! Doch halt, nur Eichhörnchen werfen Schalen weg!
Hast du nicht Lust, aus den stacheligen Hüllen etwas ganz Besoneres zu basteln?

Aus einem aufgerolltem Papier einer kleinen Papierkugel und einer stacheligen Hülle hast du schnell ein Männchen gebaut.

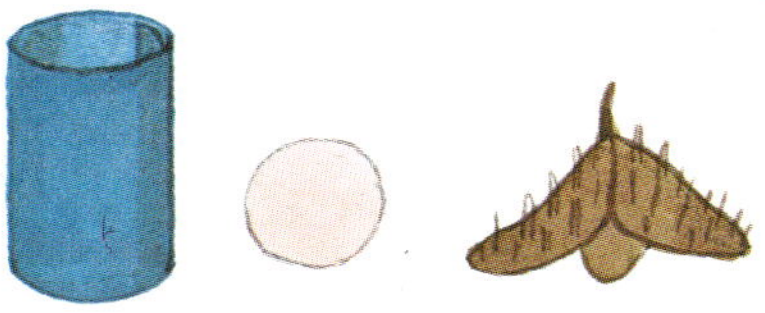

Wenn du außerdem noch einen stabilen Kartondeckel hast, kannst du dir darin eine kleine Landschaft aufbauen und sie als ein Bild an die Wand hängen.
Die Blätter kannst du im Moos stecken, da halten sie gut.

Du kannst dir aus den Bucheckern auch eine Kette auffädeln.

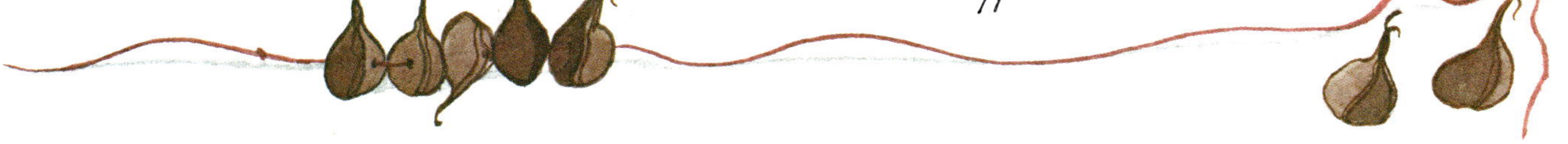

Bucheckern-Taler

125 g weiche Butter, 125 g flüssiger Honig, 2 Eier, 250 g Mehl, 1 Prise Vanillepulver, 100 g geschälte und gehackte Bucheckern, 1 Eigelb zum Bestreichen

Die Butter in eine Schüssel geben und schaumig rühren. Die Eier aufschlagen, dazugeben und umrühren, dann den Honig dazugießen. Alles verrühren, bis die Zutaten gut miteinander vermischt sind. Vanillepulver und gehackte Bucheckern unterrühren. Das Mehl löffelweise dazugeben, jedesmal umrühren.

Dann die Schüssel mit einem Küchentuch zudecken und ½ Stunde in den Kühlschrank stellen.
Auf einer bemehlten Arbeitsfläche den Teig ½ cm dick ausrollen, mit einem Förmchen runde Taler ausstechen und auf ein gefettetes Backblech legen, mit Eigelb bestreichen.
Im vorgeheizten Backofen auf die mittlere Schiene schieben und bei 175 Grad (Gas: Stufe 3) etwa 15 Minuten backen, bis die Plätzchen schön gelb sind.

Bären-Zeit für Beeren-Sammler

Jetzt beginnt eine Bären-Zeit für Beeren-Sammler. Himbeeren, Heidelbeeren und Brombeeren sind reif. Für Köche und Genießer zeigt der Spätsommer noch einmal seine schönste Seite. Magst du vielleicht die dicken, schwarzen Brombeeren besonders gern? Dann gleich die Gummistiefel her, ein paar feste Handschuhe und einen Korb für deine Ernte! Lange Hosenbeine und lange Ärmel können auch nicht schaden, denn dir steht eine dornige Arbeit bevor. Brombeerhecken findest du an Wegrändern, im Wald und auf Wiesen – aber sie haben es in sich! Nicht nur die Zweige sind mit Dornen gespickt, auch jedes Blatt trägt an der Unterseite steife, piksende Stachelhaare. Brombeerzweige ranken sich um alles, was sie finden können. Dich erwartet also ein richtiger Dschungel.

Wenn du dort bist, nasch doch erst einmal ein paar Beeren frisch vom Strauch, ehe du deinen Korb füllst. Und dann stell dir den Bären-Genuß vor, wenn du dir an einem kalten Wintermorgen Brombeermarmelade auf ein frisches Butterbrötchen streichst…

Wenn du Marmelade kochen willst, sammelst du am besten vorher viele Gläser mit Schraubverschluß.

Vielleicht findest du noch schöne Stoffreste, die du über den Deckel binden kannst.

Die Schilder für deine Marmeladengläser kannst du selbst malen.

Entweder klebst du das gemalte Schild direkt auf das Glas oder du fädelst es auf die Schnur, die du um den Deckel bindest.

Eine uralte Sage erzählt, daß Hexen ihre Schuhe mit Brombeeren geputzt haben.

Deshalb wollten die Menschen diese Beeren früher nicht essen!

Stachelspiele

Der alte Name für Nelkenwurz ist Igelkraut.

Kennst du das Teekesselchen-Spiel? Es ist ein Spiel, bei dem ein Wort erraten werden muß, das unterschiedliche Bedeutungen hat. Das geht so: Zwei Spieler denken sich ein Wort aus und schreiben es auf einen Zettel, den sie bei sich behalten. Dann beschreiben sie den Mitspielern den Gegenstand, bis ihn einer errät. Wenn du magst, denk dir doch ein „Teekesselchen" aus, zum Beispiel das Wort „Nelke". So heißt einmal eine süß duftende Blume, die du sicher kennst, und zum anderen ein Gewürz, das aussieht wie kleine, braune Nägel. Diese Nelken sind Früchte des Gewürznelkenbaumes. Er wächst nur in heißen Ländern. Bei uns aber wächst eine nahe Verwandte von ihm, es ist die Nelkenwurz.

Wie sie zu ihrem Namen kommt, findest du heraus, wenn du sie ausgräbst, die Wurzel anritzt und daran schnupperst. Sie duftet genauso wie das exotische Gewürz, denn sie enthält die gleichen Pflanzensäfte. Im Sommer übersehen viele Spaziergänger die Nelkenwurz, weil sie eine unauffällige Pflanze mit winzigen gelben Blüten ist. Im Herbst beachten sie sie eher. Dann haben sich die kleinen Blüten in borstige Früchte voller Widerhaken verwandelt. Wenn du dich nun auf deiner Erkundungsreise durch die Pflanzenwelt an die Nelkenwurz heranwagst, dann findest du sicher rasch heraus, was du mit ihren Klettenfrüchten alles spielen kannst.

Den Wurzelstock vom Nelkenwurz kannst du ausgraben, abwaschen, an der Luft trocknen und dann gebrauchen.

Die borstigen Früchte vom Nelkenwurz bleiben oft an der Kleidung von Spaziergängern hängen.

Die Klettenfrüchte haften besonders gut auf Filz und Stoff. Du kannst also ein Wurfspiel mit den Früchten machen. Nimm Filz in verschiedenen Farben und schneide ihn kreisförmig aus, kleb die Kreise übereinander, schreib Zahlen darauf und häng die Wurfscheibe auf. Jetzt kann das Spiel beginnen!

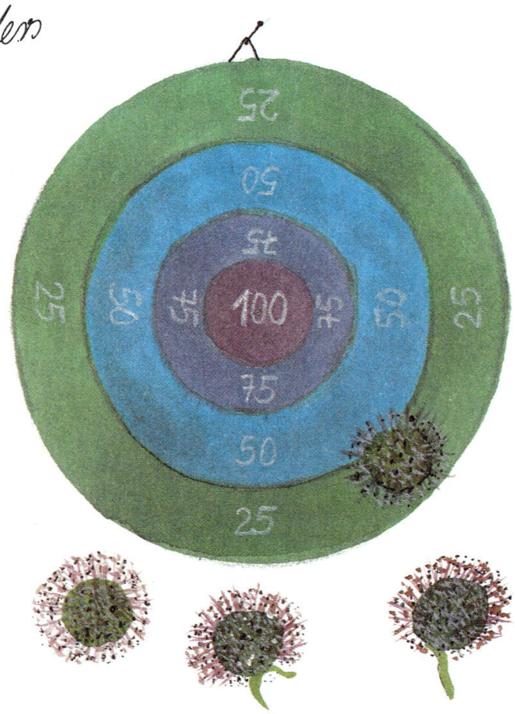

Wenn du eine getrocknete Nelkenwurz-Wurzel in kleine Spalte schneidest, kannst du einen Igel damit basteln, der schön riecht. Du steckst die Wurzelstückchen in eine Zitrone oder Orange und fertig ist der Igel!

- Nelkenwurz -

Sag, wer mag das Männlein sein?

Die Hagebutte ist die Frucht der Heckenrose.

„Ein Männlein steht im Walde ganz still und stumm. Es hat von lauter Purpur ein Mäntlein um. Sag, wer mag das Männlein sein, das da steht im Wald allein, mit dem purpurroten Mäntelein?"
Hast du es erraten?
Vielleicht hilft dir das zweite Rätsel: Welches Märchen erzählt von einer Dornenhecke, die eines Tages riesengroß wurde? Im Schloß hinter der Hecke schliefen alle Bewohner hundert Jahre – bis ein Königssohn kam, dem sich die Hecke auftat und mit einem Kuß alle vom Schlaf erlöste.
Es war Dornröschen, das er wachküßte. Sie hat die Dornenhecke mit den Rosenblüten berühmt gemacht. Und das Lied vom purpurroten Mäntelein läßt auch die Frucht der Heckenrose nicht in Vergessenheit geraten. Denn sie – die Hagebutte – solltest du erraten. Wenn du im herbstlichen Wald oder im Park spazierengehst, leuchten dir von den Sträuchern der Heckenrose Hunderte dieser kleinen, roten Männlein entgegen.

Kannst du das Lied singen?

Hier steht die zweite Strophe!

Ein Männlein steht im Walde auf einem Bein, es hat auf seinem Haupte schwarz Käpplein klein.

Sag, wer mag das Männlein sein, das da steht auf einem Bein, mit dem kleinen schwarzen Käppelein?

Im Inneren der Hagebutte sitzen viele kleine, haarige Kerne, die ganz schön jucken, wenn du sie jemandem in den Kragen schüttest. Aus den Hagebuttenschalen kannst du Marmelade kochen. Wenn du gern Tee trinkst, läßt du die Schalen an der Luft trocknen und zerbröselst sie danach. Hagebuttentee ist dunkelrot, schmeckt

ein wenig säuerlich und ist sehr gesund, weil die Hagebutten voller Vitamine stecken. Und wenn du abends Hagebuttentee trinkst, träumst du vielleicht vom Dornröschen und der riesengroßen Hecke...

Hagebuttencreme

500 g Hagebutten, 150 g flüssiger Honig, 3 Eigelb, ½ l saure Sahne

Von den Hagebutten Stiele und Blüten abzupfen und dann mit einem Messer der Länge nach halbieren. Aus den Hälften die Kerne und Härchen mit einem kleinen Löffel herausschaben. Die Schalen sauber waschen und in einem Sieb abtropfen, anschließend in einen Topf geben und soviel Wasser aufgießen, daß sie gerade bedeckt sind. Etwa 15 Minuten leicht kochen lassen und dann durch ein Sieb in eine Schüssel rühren. Auskühlen lassen. Das Eigelb mit dem Honig und der sauren Sahne verrühren, und diese Masse unter das Hagebuttenmus rühren. Eine halbe Stunde in den Kühlschrank stellen.

Aus den Kernen kannst du Juckpulver machen.

Das kannst du aus Hagebutten basteln:

Die beiden Männchen tragen Kleider aus Blättern, die trichterförmig aufgerollt werden. Kopf und Kleid werden von einem Zahnstocher zusammengehalten.

Futter für Wintertage

Der naßkalte und neblige November lädt nicht recht zum Spazierengehen und Draußen-Spielen ein. Wenn du dich trotzdem hinauswagst, entdeckst du eine besondere Stimmung.
Fast alle grünen Pflanzen sind verschwunden. Viele Tiere bereiten sich auf einen langen Winterschlaf vor und suchen ihre warmen, trockenen Quartiere unter der Erde auf.
Aber einige Tiere halten keinen Winterschlaf. Wenn der Winter hart ist, finden sie nicht mehr genügend Nahrung, um satt zu werden. Vor allem die Vögel frieren und hungern, sobald der Schnee ihre Futterquellen bedeckt. Wenn du für sie mitsorgen möchtest, dann kauf Vogelfutter oder bereite ihnen etwas aus den Früchten einer Pflanze zu, die jetzt noch wächst. Dieses Futter, das die Vögel gern fressen, sind die runden braunen Samenkörner vom Gänsefuß. Ihn zu finden ist gar nicht schwer. Er wächst in deiner Nähe, denn am liebsten hält er sich in menschlichen Siedlungen auf.
Der Gänsefuß wird auch „weiße Melde" genannt. Meldenblätter werden seit langer Zeit gepflückt und als Gemüse gekocht. Sogar mitten im Novemer kannst du noch frische, junge Blätter ernten. Vergiß dabei die Vögel nicht!

Meldengemüse

1 kleine Suppenschüssel Meldenblätter, 1 Eßlöffel Butter, 1/4 l Fleischbrühe, 2 Eßlöffel saure Sahne

Butter in einem Kochtopf bei kleiner Flamme schmelzen lassen. Die sauber gewaschenen Meldenblätter darin einige Minuten andünsten – dabei gut umrühren. Mit der Fleischbrühe aufgießen, kurz aufkochen lassen und dann 10 Minuten auf ganz kleiner Flamme ziehen lassen. Zuletzt die saure Sahne unterziehen.

In einer alten Kaffeemühle kannst du die Samenkörner zu Mehl mahlen. Aus dem Mehl kannst du später Pfannkuchen backen

Willst du den Samen sammeln, hältst du einfach einen Eimer unter die Zweige und streifst sie ab.

- Gänsefuß -

Tannenmops und Fichtenkuh

Im Dezember ist es zu Hause besonders gemütlich. Wenn es draußen früh dunkelt und dazu noch klirrend kalt ist, wird im warmen Zimmer für Weihnachten gebastelt oder gebacken. Vielleicht verlockt es dich trotzdem ab und an, ein wenig kalte Winterluft zu schnuppern. Du könntest einmal die Weihnachtsbäume besuchen, die jetzt an den Straßenecken zum Kauf bereitstehen. Manche Familien möchten sich am liebsten keinen Weihnachtsbaum mehr ins Zimmer stellen. Sie finden es schade, daß er abgehackt wird, um nur wenige Tage in der Wohnstube zu stehen. Wenn es möglich ist, kaufen sie sich einen kleinen Baum, der noch seine Wurzeln hat und in einer Baumschule gezüchtet wurde. Sie pflanzen ihn in einen Kübel, gießen ihn tüchtig und schmücken ihn festlich. Nach den Weihnachtstagen pflanzen sie ihn in den Garten oder bitten einen Förster, ihn in den Wald zu setzen.

Es dauert viele Jahre, bis ein Baum erwachsen ist. Dann trägt er seine ersten Zapfen. Sie verraten dir, ob der Baum eine Tanne oder eine Fichte ist. Die schlanken braunen Fichtenzapfen hängen, wenn sie reif sind, mit der Spitze nach unten an den Zweigen. Tannenzapfen sind kleiner und stehen aufrecht auf den Zweigen. Mit den Zapfen kannst du spielen und lustige Figuren basteln.

Wettermännchen:

Du kannst dir einen Fichtenzapfen auf den Balkon hängen und sehen wie er sich verändert. Bei schönem Wetter stehen die Schuppen weit offen, aber wenn es regnet oder schneit, legen sie sich eng aneinander.

Duftendes Nadelkissen:

Du sammelst Fichtennadeln, steckst sie in ein selbstgenähtes Säckchen und legst es in den Schrank.

Schon früher haben Kinder den Zapfen lustige Namen gegeben: Fichtenkuh, Tannenmops, Glucke, Hahn oder Schäfchen.

Willst du die Tiere basteln? Du klebst einfach Köpfe aus Pappe an den Zapfen fest, stichst Streichholzbeine hinein, vielleicht brauchst du noch Federn für den Hahn!

Oder du bastelst einen Zauber-Zapfen! Du streust Kresse- oder Grassamen in einen geöffneten Zapfen. Am besten ist es, wenn du den Zapfen in einen Blumentopf stellst. Du feuchtest den Zapfen gut an und läßt ihn an einem warmen Platz stehen. Nach 2 Tagen bekommt dein Zapfen vielleicht schon grüne Spitzen.